....

# GUESTS

# GUESTS

GUESTS

GUESTS

# GUESTS

....

....

....

....

....

....

....

....

....

....

GUESTS

....

....

....

....

....

....

....

....

....

....

....

GUESTS

GUESTS

GUESTS

....

....

....

....

....

....

....

....

....

....

....

....

 GUESTS

# GUESTS

···

···

···

···

···

···

···

···

···

···

···

GUESTS

....

....

....

....

....

....

....

....

 GUESTS

GUESTS

GUESTS

GUESTS

GUESTS

 GUESTS

··

··

··

··

··

··

··

··

# GUESTS

....

....

....

....

....

....

....

....

....

....

GUESTS

GUESTS

GUESTS

....

....

....

....

....

....

....

....

....

....

GUESTS

....

....

....

....

....

....

....

....

....

....

# GUESTS

....

....

....

....

....

....

....

....

....

....

GUESTS

....

....

....

....

....

....

....

....

....

....

....

....

....

GUESTS

GUESTS

....

....

....

....

....

....

....

....

....

....

....

....

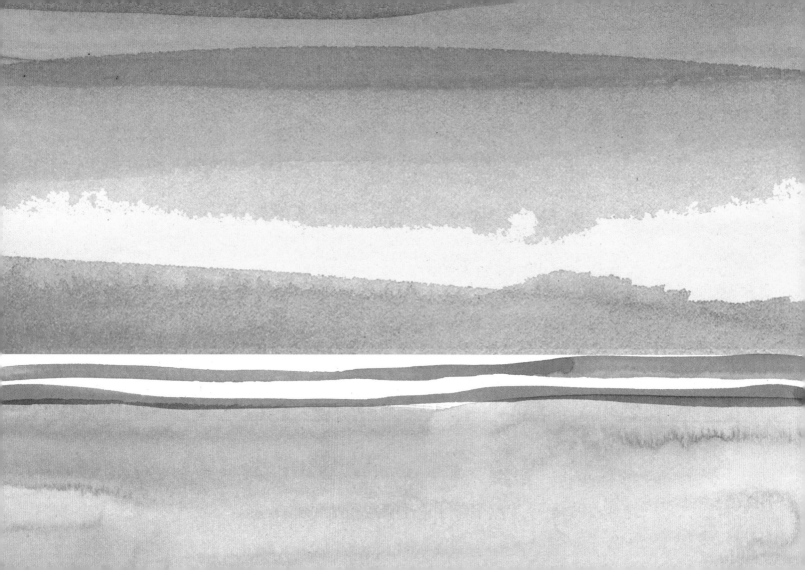

GUESTS

....

....

....

....

....

....

....

....

....

....

....

GUESTS

# GUESTS

....

....

....

....

....

....

....

....

....

....

....

# GUESTS

....

....

....

....

....

....

....

....

....

....

GUESTS

....

....

....

....

....

....

....

....

....

GUESTS

....

....

....

....

....

....

....

....

....

....

....

# GUESTS

....

....

....

....

....

....

....

....

....

 # GUESTS

....

....

....

....

....

....

....

....

....

....

....

 GUESTS

....

....

....

....

....

....

....

....

....

....

GUESTS

# GUESTS

....

....

....

....

....

....

....

....

....

....

GUESTS

....

....

....

....

....

....

....

....

....

....

....

GUESTS

· ·

· ·

· ·

· ·

· ·

· ·

· ·

# GUESTS

GUESTS

GUESTS

....

....

....

....

....

....

....

....

....

....

....

GUESTS

....

....

....

....

....

....

....

....

....

....

....

....

GUESTS

....

....

....

....

....

....

....

....

....

....

GUESTS

GUESTS

....

....

....

....

....

....

....

....

....

....

GUESTS

....

....

....

....

....

....

....

....

....

....

GUESTS

GUESTS

....

....

....

....

....

....

....

....

....

....

GUESTS

....

....

....

....

....

....

....

....

....

....

....

....

GUESTS

....

....

....

....

....

....

....

....

....

....

....

GUESTS

....

....

....

....

....

....

....

....

....

....

# GUESTS

....

....

....

....

....

....

....

....

....

....

....

GUESTS

....

....

....

....

....

....

....

....

GUESTS

....

....

....

....

....

....

....

....

....

GUESTS

....

....

....

....

....

....

....

....

....

....

# GUESTS

....

....

....

....

....

....

....

....

....

GUESTS

....

....

....

....

....

....

....

....

....

....

GUESTS

GUESTS

....

....

....

....

....

....

....

....

....

....

 GUESTS

....

....

....

....

....

....

....

....

....

....

....

....

GUESTS

....

....

....

....

....

....

....

....

....

# GUESTS

....

....

....

....

....

....

....

....

....

GUESTS

....

....

....

....

....

....

....

....

....

....

# GUESTS

....

....

....

....

....

....

....

....

....

....

....

....

GUESTS

GUESTS

GUESTS

....

....

....

....

....

....

....

....

....

....

....

GUESTS

··

··

··

··

··

··

··

··

··

GUESTS

....

....

....

....

....

....

....

....

....

GUESTS

# GUESTS

# GUESTS

GUESTS

....

....

....

....

....

....

....

....

....

....

 GUESTS

....

....

....

....

....

....

....

....

....

# GUESTS

....

....

....

....

....

....

....

....

....

....

....

 GUESTS

GUESTS

GUESTS

....

....

....

....

....

....

....

....

....

....

GUESTS

....

....

....

....

....

....

....

....

....

....

# GUESTS

....

....

....

....

....

....

....

....

....

....

 GUESTS

....

....

....

....

....

....

....

....

....

....

GUESTS

....

....

....

....

....

....

....

....

....

....

GUESTS

....

....

....

....

....

....

....

....

....

....

....

....

....

....

Brimming with creative inspiration, how-to projects, and useful information to enrich your everyday life, Quarto Knows is a favorite destination for those pursuing their interests and passions. Visit our site and dig deeper with our books into your area of interest: Quarto Creates, Quarto Cooks, Quarto Homes, Quarto Lives, Quarto Drives, Quarto Explores, Quarto Gifts, or Quarto Kids.

First published in 2019 by Rock Point, an imprint of The Quarto Group, 142 West 36th Street, 4th Floor, New York, NY 10018, USA
T (212) 779-4972 F (212) 779-6058 **www.QuartoKnows.com**

Rock Point titles are also available at discount for retail, wholesale, promotional, and bulk purchase. For details, contact the Special Sales Manager by email at specialsales@quarto.com or by mail at The Quarto Group, Attn: Special Sales Manager, 401 Second Avenue North, Suite 310, Minneapolis, MN 55401, USA.

10 9 8 7 6 5 4 3 2 1

ISBN: 978-1-63106-591-0

Editorial Director: Rage Kindelsperger
Managing Editor: Erin Canning
Design and Illustration: Amy Harte for 3&Co., with additional illustration by Essem Creatives

Printed in China